코믹 유머

와이 앤 엠

차 례

덴뿌라

맹구네 반에서 시험을 보았다. 그런데 문제 중에 '생각하는 사람'을 만든 조각가는? 하는 문제가 나왔다.

맹구가 옆의 영희의 답안지를 쓸적 보니 '로뎅'이라고 써 있는 것을, 그만 잘못 보고는 '오뎅'이라고 적었다. 그것을 맹구의 옆자리에 있던 영구는 맹구의 답을 보고는, 씩- 웃으며 '아부래기'라고 적었다. 뒷자리에 앉았던 삼룡이는 그래도 한국말을 쓴다고.

'미친놈! 아부래기가 뭐야? 어묵이지, 한국말도
모르냐?'

 속으로 자랑스럽게 생각하며 '어묵'이라고 적었
다. 그러자 맨뒤에 앉아 있던 칠복이가 음흉하게
웃더니, 이번에는 '덴뿌라' 라고 적었다.

기사와 손님

한 사람이 버스를 탔다.

손님:어디로 가는 버스입니까?

기사:앞으로 갑니다.

손님이 또 물었다.

"여기가 어딘가요?"

기사:버스 안입니다.

손님이 화가 나서 큰 소리로 말했다.

"지금 장난 하십니까?"

기사:운전합니다.

이건 당신꺼야

 병원에 다녀온 남편에게 부인이 물었다.
"의사가 뭐래요?"
"휴식을 취하래, 절대적으로 안정해야 된데요."
그러면서 약을 내 놓는다.
" 이게 의사가 지어준 약이야."
"알겠어요, 내가 시간 맞춰서 챙겨줄께요."
" 아니, 이건 당신꺼야."

양보하기 싫어서

한 학생이 버스에 앉아 가고 있었다. 다음 정류장에 이르자 할머니가 올라와서 앉을 자리를 찾고 있었다. 그 학생은 자리를 양보하기 싫어서 자는 척했다.

그러다 깜빡 내려야할 곳을 지나쳐 황급히 내리려고 하자 할머니가 하시는 말씀,

"왜? 좀더 게게지?"

더 큰 문제

한 버스에서 할머니가 앉을 자리를 찾다가 앞으로
쾅 하고 넘어졌다. 그러자 한 학생이
"할머니 괜찮으세요?"
하고 물었더니 할머니가 하시는 말씀,
"지금 다친 게 문제야? 쪽팔려 죽겠는데!"

도둑의 유언

한 도둑이 죽으면서 도둑 친구에게 마지막 선물을
주었다.

"내가 자네한테 마지막 선물로 아주 귀중한 보석
반지를 주겠네."

"정말인가? 그럼 친구의 우정으로 알고 받겠네. 그런데 반지는 어디 있나?"

"음 성북동 ○○번지의 고급 저택이 있는 김회장 집 안방에 있는 금고 안에 있네."

말이 얼음이 되어

두 탐험가가 만나 서로 자신의 경험담이야기를 했
다. 먼저 북극 탐험가가 남극 탐험가에게 말하기를 ,
"우리가 북극 지방에 도착했을 때 말이야, 추위
가 얼마나 지독한지 촛불이 얼어서 아무리 불어
도 꺼지질 않더군."

그러자 남극 탐험가가 말했다.

"그건 아무 것도 아니야. 우리가 갔던 남극 지방에서는 입으로 내뱉는 말이 모두 얼음 조각이 되어서 튀어 나오는데, 그걸 프라이팬에 녹이지 않고는 무슨 말인지 전혀 알아들을 수가 없더군."

개구리가 만날 사람

　외로운 개구리가 전화 상담실에 전화를 걸어 자신
의 외로운 처지를 호소하면서,

"아름다운 여인을 만났으면 좋겠다."

고 하자 상담원은,

"곧 소원이 이루어 질 것입니다. 기다리십시오."

하자 개구리는 반가워 다시 물었다.

"그러면 언제나 만날 수 있을까요? 그리고 어디서
만나게 될까요.?"

　상담원은 짤막하게 말했다.

"곧 여학생들 생물 시간에 만나게 될 것이니 기다
리십시오."

사진 찍는 줄 알고

과학수사 연구소 검시소에 시신 세 구가 들어왔다. 그런데 시신들이 모두 웃고 있었다. 깜짝 놀란 검시관이 물었다.

"시체들이 왜 웃고 있죠?"

"네, 첫번째 시체는 큰 형이 공무원 시험에 합격하여 너무 좋아하다가 심장마비로 죽었고, 두 번째 시신은 자신이 처음으로 전교 1등급을 해서 너무 기뻐하다가 심장마비로 죽었기 때문이죠."

"그러면 세 번째 시신은 왜 웃는 거죠?"

"네, 벼락에 맞아 죽었는데 사진 찍는 줄 알았다나
요."

여우의 잔꾀

배가 고팠던 참에 겁없이 호랑이의 앞을 지나가는 여우를 냉큼 잡았다.

"이놈 참 맛있게 생겼다."

"아이코, 내 어쩌다 그만 정신을 놓았다 호랑이에게 잡히게 되었나."

그러나 이미 때는 늦었다. 그러자 여우는 한 가지 꾀를 생각해 냈다.

"호랑이님, 호랑이님. 호랑이님이 나를 잡아 먹으면 큰일 납니다."

"그건 또 왜?"

"하나님이 나를 백수의 왕으로 내려 보냈는데, 호랑이님이 나를 잡아 먹으면 하나님의 노여움을 사서 호랑이님의 가족이 몽땅 죽게 됩니다."

“그게 무슨 소리냐? 여우가 죽게 되니까 별소리를 다 하는구나. 만약 하나님이 너를 내려 보냈다면 어디 그것을 증명해 보아라.”

“그건 어렵지 않지요. 이제부터 제가 앞에 갈 테니 호랑이님이 제 뒤를 따라 오십시오.”

호랑이는 여우의 말이 정말인가 거짓인가 본다고 여우의 뒤를 어슬렁어슬렁 따라 나섰다.

그러자 길가에 있던 다른 동물들이 깜짝 놀라 황급히 도망을 가버리는 것이었다. 호랑이는 '이럴 수가' 하는 표정이었다.

"자, 보십시오. 저를 보고 저렇게 도망치는 것을요. 이제 나를 놓아 주십시오. 그래야 호랑이님이 살 수 있습니다."

호랑이는 정말 '그렇구나' 하며 여우를 놓아주니 여우는 '나 살려라' 하고 줄행랑을 쳐 숲 속으로 숨어버렸다.

경험을 안 해도

　한 미술 심사 위원실에 온 낯선 노인이 옆 사람에게 말을 건넸다.

"단 한 번도 그림을 그려 본 적이 없는 사람이 이번 미술전에 심사 위원이 되어 있는데 이 점을 어떻게 생각하십니까?"

　그러자 그는 아주 담담하게 말했다.

"비록 달걀을 낳아 본 적은 없지만 달걀이 상한 달걀인지 싱싱한 달걀인지는 알 수 있지 않습니까?"

집안 이야기

어느 하계 성경 학교 때의 일이다.

하계 학교에 나온 학생들에게 목사님은 열심히 성경에 대해서 말씀하고 있었다. 그날의 주제는 '인간의 창조' 였다.

목사님은 아담과 이브에 대해 설명하면서 다음과 같이 말했다.

"여러분, 하나님은 흙으로 빚은 사람에게 입김을 불어 넣어 아담을 만드셨습니다. 그러므로 아담과 이브는 우리의 조상이라 할 수 있습니다."

그때 맨 뒤에 있던 맹구가 손을 번쩍 들고 말했다.

"목사님, 우리 아버지가 그러시는데요, 우리 조상은 원숭이라고 하셨어요."

그러자 얼굴이 일그러진 목사님이 말씀하셨다.

"맹구야! 사사로운 너희 집안 얘기는 집에 가서 하렴."

횡 재

  토끼가 개에게 쫓기고 있었다. 토끼는 부지런히 산기슭을 오르내리며 도망가고, 개는 토끼의 뒤를 열심히 쫓아가고 있었다.

  쫓고 쫓기는 것이 얼마나 되었을까. 그만 개도 지치고 토끼도 지쳐서 걷더니 그만 개도 토끼도 그 자리에서 쓰러져 죽고 말았다.

마침 산 길을 지나던 행인이 쓰러져 죽은 토끼와 개를 집어 들고 가면서,

"아직 따뜻하고 상처도 하나 없는 개와 토끼가 여기서 왜 죽어 있지? 하여튼 개와 토끼를 거져 얻었으니 횡재구먼."

왜 웁니까

시골 장 날, 한 농부가 장닭을 사갔다. 그런데 장 닭이 전혀 울지 않았다.

다음 장날, 농부는 다시 장닭을 가지고 나왔다.

"나는 이런 닭은 처음 봐요. 무슨 닭이 전혀 울지 를 않습니다. 이 닭을 다른 닭으로 바꿔 주시오."

"그럴 리가 없는데요."

닭장사는 이상하다는 듯이 닭을 이리저리 살펴보 더니 다시 입을 열었다.

"모이는 제때에 주셨습니까?"

"그야 물론이지요. 하루 세 끼를 시간 맞추어서 잘 주었답니다."

"참, 이상하네. 그럼, 그 닭장에 암탉이 있습니까?"

"예, 물론 있지요."

"그렇다면 혹시 개가 그 닭장 근처를 얼씬거리지 않나요?"

"우리는 개를 기르지 않습니다."

"그러면 장닭이 울 이유가 없네요. 뭐가 아쉬워서 울겠습니까?"

공처가의 항변

한 친구가 어떤 공처가의 집에 놀러갔다. 마침 그
는 앞치마를 빨고 있던 중이었다.

"한심하군! 마누라 앞치마나 빨고 있으니."

이 말을 들은 그는 버럭 화를 내며,

"말조심하게 이 사람아! 내가 어디 마누라 앞치마
나 빨 사람으로 보이나? 이건 내 거야, 내 거!"

이야기 하나

어느 고등 학교의 체육 시간이었다. 종이 울리고 학생들이 모두 운동장에 모였는데 세 명의 학생이 늦게 나왔다.

화가 난 체육 선생님이 벌로 땅에 누워서 자전거 타기를 시켰는데 한 학생이 몇 바퀴 돌리다가 그냥 서 있는 것이었다. 화가 난 선생님이 말했다

"야~~! 너 왜 안 해?"

그러자 학생이 하는 말.

"저~~어 선생님 내리막길인데요"

난처한 때

난처할 때 하나, 어떤 사람이 길을 물어서 열심히 가리켜 주었는데 나중에 생각해 보니 잘못 알려준 것이었을 때.

둘, 문 닫다가 뒷사람 손을 찧었을 때.

셋, 친구가 작업중이던 컴퓨터로 잠깐 웹서핑하는데 갑자기 컴퓨터에 에러가 뜰 때.

넷. 길에 세워진 자동차 유리를 거울삼아 머리를 만지고 있다가 이상하여 자세히 보니, 안에 사람이 나를 보고 빙그레 웃고 있을 때.

다섯. 친구 집에 가서 큰일을 보는데 변기가 그만 막혀버렸을 때.

노인의 착각

한 노인이 아들의 집에 가기 위해 차를 타고 고속 도로를 달리고 있었다.

그 때 아들에게서 전화가 왔다.

"아버지, 지금 고속도로에 계시죠?"

"그래. 왜?"

"예, 그러실 것 같아서요 조심해서 오세요. 지금 뉴스에 '차 한 대가 고속 도로를 거꾸로 달리고 있다'고 나오거든요."

그러자 노인이 대답했다.

"거 참 정신 없는 놈이구만. 그런데 한 대가 아니
다. 수십 대가 모두 거꾸로 달리고 있어!"

이야기 셋

관광객들이 사슴 농장에 놀러갔다. 식사 시간이 되자 주인이 종을 울렸다. 여기저기서 놀던 사슴들이 몰려들었다. 그런데 사슴이 먹이에 입을 대려는 순간 주인이 먹이통을 얼른 뒤로 감춘다. 사슴이 당황하며 쳐다보다가 그냥 가버렸는데 잠시 후 다른 사슴에게도 먹이는 주는 척하면서 먹이통을 감췄다. 계속해서 사슴들에게 약만 올리고는 먹이를 주지 않자 한 관광객이 물었다.

"왜 그렇게 약을 올리며 먹이를 주세요?"

그러자 주인의 대답.

"그래야 사슴 머리에 뿔이 많이 난답니다. 뿔이
많이 나야 수입도 많이 오르지요."

　민수가 시험 전 날 공부를 하려고 집으로 가는 중이었다. 가던 도중 길가에 한 할머니가 '마법의 연필' 이라고 적힌 연필을 팔고 있었다.

"할머니 진짜 마법의 연필이에요?"

"그래, 시험 보기 전 이 연필을 사서 시험을 보면 답이 절로 써진단다. 그리고 이 연필은 부러져도 연필심이 계속 나온단다. 또 연필은 어른이 된 후 운전면허시험이나 혹은 다른 여러 가지 시험을 볼 때도 마찬가지야."

" 와 – 좋은 연필이다!"

아직 저학년인 민수는 할머니의 말을 믿고 연필을 샀다.

다음 날 민수는 0점을 맞았다.

그것은 답이란 글자만 써지기 때문이다.

'답,답,답,답 ' 이렇게.

진공 청소기

어느 두메 산골…

혼자 외롭게 살고 있는 할머니 집에 노크를 하는 사람이 있어 문을 열어주자,

한 젊은이가 하는 말이 자기는 진공청소기 판매원이라고 말한 뒤 곧 마당에 있는 흙을 퍼다 방에다 붓고는,

판매원이 하는 말,

"할머니,저랑 내기를 하시죠. 이 진공 청소기로 이 흙들을 모두 빨아들이면 할머니가 진공청소기 하나를 사시고, 못 빨아들이면 제가 이 진공청소기를 그냥 들이겠습니다."

그러자 할머니는 물끄러미 쳐다본 뒤,

"안 됐수 젊은이, 여기는 전기가 안 들어온다오"

이야기 다섯

한 시골 할아버지가 생전 처음으로 서울 구경을 와서 큰 빌딩에 들어갔다. 거기서 난생 처음 엘리베이터라는 것을 보게 되었다. 뭔 물건인가 하고 엘리베이터 앞에서 기웃거리고 있는데 한 할머니가 그 안으로 들어가는 것이다. 그런데 이게 웬일인가 잠시 후에 거기서 아름다운 젊은 아가씨가 나오는게 아닌가?

그걸 본 할아버지의 한마디!

"이런 ! 이런게 있는 줄 알았으면… 우리 집 할망구를 데리고 오는 건데."

물부터 넣는 거야

　라면 끓이는 것이 서투른 학생이 친구에게 전화하여 물었다.

　"맹구야, 라면 끓이는데 라면부터 넣어, 스프부터 넣어?"

　친구 대답이….

　"야, 병신아 물부터 넣어야지!"

같이 가서 먹어요

아내가 게을러서 남편 밥을 잘 해주지 않았다.
남편이 배가 고픈데 그날도 아내는 밥할 생각을 하
지 않고 있었다.

남편이 화가 나서,

"당신이 밥을 해주지 않으면 식당에 가서 밥을 사
먹겠소!"

그러자 아내가 말하길,

"5분만 기다려요"

"5분이면 밥이 다 되나?"

"아니요. 5분이면 옷을 갈아입을 수 있어요. 같이
가서 먹어요."

공 주으러 갔다가

제대 후 동네 친구들을 만나 서로 군대에서 고생한 얘기를 나누다 족구 얘기가 나왔다.

한 친구가 말한다.

"난 족구하다가 공 주우러 산 밑까지 뛰어갔다 왔어."

또 다른 한 친구는,

"난, 옆에 개울이 있었는데, 그 개울에 공이 빠져서 떠내려가는 공을 주우려고 똥물에 들어가 허우적거리다 의외로 깊어서 익사하는 줄 알았어."

"너희들 지뢰밭에 공 주우러 들어가 봤어?"

하고 전방에서 근무하다 온 친구가 말했다.

그럼 공군은 하늘을 나냐

수영 잘하는 해군이 수영 못하는 해군을 보고,

"너는 해군인데 수영도 못하냐?"

하고 말하였다.

다음 날에도 그 해군은 똑같이 수영을 못하는 해군을 놀렸다.

가만이 듣기만 하던 수영 못하는 해군이 짜증이 나서 이렇게 말했다.

"그럼, 공군은 하늘을 날아다니냐?"

맹구 이야기

어느날, 강도가 들어왔다. 강도는 맹구가 있는지 모르고 물건을 챙겨서 빨리 나가려고 했다. 그런데 그것이 어떻게 해 맹구가 강도와 눈이 마주치자 강도는 맹구를 보고 ,

"죽을 준비해!"

하자, 맹구는

"저희 집에는 죽이 없고 밥밖에 없는데요?"

국영수를 잘해야

한 대학생이 전철을 타고 있었다. 그에게 할머니가
다가와,

"학생 서울대 가려면 어떻게 해야되우?"

학생이 대답하기를,

"서울대 가려면 국영수를 중심으로 하세요"

돌아온 한석봉

한석봉이 글공부를 마치고 집에 돌아왔다.

"어머니, 돌아왔습니다."

어머니는 석봉을 방으로 들여보냈다. 석봉의 봇짐
을 내린 어머니는.

"그래, 불을 끄거라."

불을 끈 석봉은

"글을 쓸까요?"

하고 어머니께 물었다.

"아니, 잠이나 자자."

별들의 숫자

손오공이 도시에 있는 불빛들을 세고 있었다.

손오공 : 와 저걸 언제 다 세지? (옆에 있던 할아버지께) 할아버지 저 불빛들이 몇 개인지 알고 계세요?

할아버지 : 쯧쯧… 실없는 일 그만 두게.

손오공 : 와! 구만 두 개나요?

넌 아니지

　역사 시간이었다.

　따뜻한 봄볕을 맞으며 졸던 성우에게 선생님이 물었다.

　"김성우! 이토오히로부미를 누가 죽였나?"

　깜짝 놀라서 깬 성우는 엉겁결에 대답했다.

"선생님, 제가 죽이지 않았어요."

뜻밖의 성우의 대답에 선생님은 어이가 없어서 더 이상 말을 할 수가 없었다.

"김성우, 내일 어머님을 모셔오너라."

다음 날, 학교에 온 성우 어머님은 공손히 선생님께 인사를 드렸다.

"선생님, 우리 성우는 남을 죽일 만큼 그렇게 나쁜 애가 아니에요."

선생님은 할 말을 잃고 성우 어머니를 돌려 보냈다.

집으로 돌아온 어머니는 남편에게 오늘 있었던 일을 모두 이야기 했다. 성우 아버지는 잠시 생각에 잠기더니 이내 성우를 불렀다.

"성우야, 솔직히 말해야 한다. 정말 네가 죽인 것이 아니지?"

그가 올 때는

어느 한 유엔군 참전 용사가 전우의 묘 앞에 꽃다발을 놓고 나오다 보니, 한 묘 앞에는 과일과 음식을 놓고 절을 하고 있었다. 그 유엔군은 신기하기도 하고 놀려주고 싶은 마음도 생겨, 그 묘 앞에 절을 하고 있는 사람을 향해,

"당신의 친구는 언제 이 밥을 먹으러 오죠?"

하자 그는,

"당신 친구가 그 꽃냄새를 맡으러 올 때쯤이면 올 겁니다."

그러자 그 유엔군 용사는 상기된 얼굴로 부지런히 그 자리를 떴다고 한다.

아들보다 엄마가

다섯 살 난 아들이 거짓말을 하는 것을 알게 된 엄마는 큰 충격에 빠졌다. 고민 끝에 아들 녀석을 무릎 위에 앉혀 놓고 거짓말을 하면 어떻게 되는 지를 똑똑히 설명했다.

"거짓말을 하면 너 어떻게 되는지 알아? 새빨간 눈에 뿔이 두 개 달린 사람이 몰래 와서 잡아가는 거야. 그리고 잡아간 아이들을 불이 활활 타는 골짜기에 가둬놓고 중노동을 시키지. 그래도 너 거짓말을 할 거야."

그러자 아들이 풀죽은 목소리로 대답했다.

"알았어. 그런데 엄만 나보다 거짓말을 더 잘하네 뭐!"

고향 할머니

　정말 오랜만에 고향집으로 가게 되었다. 집으로 향하던 길에 어릴 적에 자주 갔던 구멍 가게의 주인 할머니를 길가에서 마주친 나는 너무 반가워서 한다는 인사가 그만,

　"할머니!. 아직도 살아계셨어요?"

　그날밤 나는 할머니에게 빗자루로 쳐맞았다.

비누 광고

한 비누 광고에 등장한 모델이 이렇게 말한다.

"이 비누를 쓰고 나면 로션 바르는 것을 자꾸 잊게
돼요!"

광고를 열심히 보고 있는 아들 녀석이 엄마에게 물
어본다

"엄마, 저 비누 쓰면 머리가 나빠져?"

천당에 가기 전

목사님이 청소년 예배 시간에 열심히 설교를 하고 있었다. 이쯤 설교를 했으면 내 뜻을 이해하겠지 하여,

"자, 천당에 가기 전에 여러분은 무엇을 해야 하는지 말해 보세요."

목사님은 청소년들에게서 '좀 더 회개하고 하느님을 위해 용서를 빌어야 합니다' 하는 말을 기대하고 있었다.

　그러자, 한 여학생이 일어나 주저 없이,

　"천당에 가기 전에 먼저 죽어야 합니다."

사슴과 복권

사슴이 부지런히 도망 가고 그 뒤를 총을 든 사냥꾼이 쫓아가고 있었다. 사냥꾼은 가끔 총을 쏘는가 하면, 열심히 겨누다가는 여의치 않은지 계속 쫓아가고 있었다.

이를 언덕 위에서 지켜보던 한 학생이 사냥꾼이 뛰어가는 앞에 돌을 굴렸다. 사냥꾼은 뜻하지 않은 돌에 그만 넘어져서 사슴을 놓치고 말았다.

사슴은 고맙다는 듯이 학생이 있는 언덕 쪽을 한 번 바라보고는 숲 속으로 사라졌다.

그날 밤, 학생이 꿈을 꾸자 낮에 쫓기던 사슴이 나타나 학생에게 고맙다는 인사를 하더니,

"학교 앞 버스 정류장에 있는 복권방에서 맨 밑에 있는 복권 하나를 사세요."

하고 사라지는 것이었다.

학생은 별로 마음에 두지 않고 학교에서 나와 집에 오는 길에 정류장 앞에 있는 복권방을 보니 문득 어젯밤 꿈 생각이 나서 사슴이 가르쳐 주는 대로 복권 한 장을 샀다

며칠 뒤, 정말로 그 복권이 1등으로 당첨되어 학생은 갑자기 큰 부자가 되었다.

동물원에 다녀와서

한 꼬마가 은행 창구 맨 끝으로 가더니 아가씨에게 유리칸 구멍 사이로 과자를 밀어 주는 것이었다.

꼬마의 엄마가 이것을 보고 크게 당황해서 그 꼬마에게 그러면 안 된다고 말렸으나 막무가내였다.

그 꼬마를 말리던 엄마는 창구 직원에게 이렇게 말했다.

"죄송해요. 애가 조금 전에 동물원에 다녀왔거든요."

호주를 발견한 사람

  선생님이 철수에게 지도에서 아메리카 대륙과 호
주 대륙을 찾아보라고 하였다.
"찾았어요."
하고 철수는 소리 쳤다.

"그래 잘했다. 아메리카 대륙을 발견한 사람은 콜럼버스다. 그럼 호주 대륙을 발견한 사람은 누구인가?"

이때 학생들이 일제히

"철수요."

하고 말하는 것이었다.

교생 실습

　새로 선생님으로 부임한 한 젊은 선생님이 교실에 들어와서 곧 강의를 시작하려 할 때였다.

　젊은 선생님은 첫수업이라서 한껏 긴장하여 칠판에 뭔가를 쓰고 있는데 맨 뒷줄에 앉아 있던 두 여학생이 갑자기 싸우는 소리가 들렸다. 선생님은 뒤를 돌아보며,

　"무슨 일이죠?"

그러자 그 중의 한 여학생이 눈치를 살피며 말했다.

"글쎄, 얘가요. 자꾸만 제가 선생님을 닮았다고 놀리잖아요."

젊은 선생님은 영문을 모르겠다는 표정으로 그 여학생에게 물었다.

"그래서 그게 어쨌단 말이지?"

그러자 그 여학생이 화를 벌컥내며 말했다.

"아니, 그럼 제가 생기다 말았단 말이에요!"

내릴 때는 울어요

시골에 살던 아버지가 그의 아들과 함께 난생 처음으로 서울 구경을 왔다.

두 사람은 버스를 타고, 어린이 대공원 앞에서 내리려고 하는데 어떻게 해야 내릴 수 있는지 도무지 알 수가 없었다.

이때 어린 아들이 버스 안을 이리저리 살펴보더니 갑자기 울기 시작하였다.

버스 창문 바로 위에는 이렇게 쓰여 있었다.

'부자가 울면 문이 자동으로 열립니다.'

코끼리

　엄마가 생쥐 자식들을 데리고 바깥 구경을 나왔다가 동산만큼 커다란 코끼리를 만났다. 생쥐 엄마는 자식들에게 코끼리가 얼마나 큰지 보여주는 것도 큰 교육이라고 여겨 그 곳으로 데리고 가서 코끼리를 만져보도록 했다. 생쥐들은 신이 나서 코끼리에게 달려들어 코를 타고 기어오르는 놈에, 발을 따라 기어 올라 코끼리 귀를 잡고 그네 뛰듯 널을 뛰기도 했다.

한참을 신나게 놀고, 엄마 생쥐에게로 돌아오자 엄마는 새끼들에게 그래 코끼리란 동물이 얼마나 크고 어떻게 생겼더냐고 물으니 생쥐들은,

"꼭 기둥 같아요!"

"아니, 절벽처럼 끝없는 낭떠러지기 같아요!"

"커다란 천막 같아요!"

 그러자 엄마 생쥐는 '아하, 내가 새끼들을 잘못 가르쳐 주었구나!' 하면서 한탄했다고 한다.

돌이 또 있는 데

'아버지 돌 굴러 가유'를 늦게 해서 아버지를 죽게
만든 사람이 결혼을 해서 아들을 낳자 '아버지 돌
굴러 가유'만을 빠르게 말하도록 연습을 시켰다.
아들이 드디어 빨리 말할 수 있게 됐다.

그후 아버지와 아들은 산을 오르게 되어 한참 올라가다 돌이 굴러오자 아들은 '아버지 돌 굴러 가유'를 빨리 말했다. 아버지는 돌이 굴러오자 피했으나 다음에 굴러오는 돌은 피하지 못해 죽고 말았다.

그제서야 아들이 느릿느릿 이렇게 말했다.

"근데 돌이 두 개여유."

당근 주세요

토끼 한 마리가 헐레벌떡 약국으로 뛰어 들어왔다.

"뭘 도와줄까?"

약사가 말했다.

"아저씨, 당근 있어요?"

"여기는 약국이란다. 당근은 야채가게에 가야지."

다음 날 토끼가 또 찾아와 심각한 표정으로 물었다.

"아저씨, 당근 있어요?"

"여기 당근 없다니까!"

토끼는 그 다음 날도 어김 없이 찾아왔다.

약사의 눈치를 살피며,

"아저씨, 저 감기 기운 있어요."

"오, 그래?"

"그러니까 당근 좀 주세요."

열 받은 약사는 가지고 있던 영양제통을 토끼를 향해 힘껏 던졌다.

그 바람에 이마에 상처를 입은 토끼는 머리를 만지며 약국 문을 빠져 나갔다.

그런데 그 다음 날도 약국에 또 찾아와 문틈으로 얼굴만 내민 채,

"아저씨, 당근 주스 있어요?"

늙은 당나귀

양떼들이 산을 넘다 눈이 하도 많이 쌓여 그만 길을 잃어 버렸다. 이리저리 길을 찾다 그만 갈 길을 잃었다고 생각하니 모두가 당황하기 시작하였다.

그 산에는 늑대들이 자주 나타나는 곳이므로 어둡기 전에 산을 넘어야 하는데 길을 잃었으니 보통 큰 일이 아니였다.

그 때 양떼 속에서 노후의 외로움을 달래며 살아가
던 늙은 당나귀 한 마리가 앞으로 나서더니 자기를
따라오라는 표시를 한다.

"저 늙은 당나귀가 자기를 따라오래."

"저 늙은 게 뭘 안다고. 잘못하여 저승길로 안내할
지도 모르지…

그러나 당나귀는 뒤에서 양떼들이 웅성거림도 못 들은 듯 험한 길을 앞서 가고 있었다. 뒤에서 이 광경을 지켜보던 양떼들은 하는 수 없이 당나귀가 앞장 선 길을 따라가다 큰 길을 발견하고는 뛸 듯이 좋아했다.

나는 어디 있어

엄마가 어린 아들이랑 사진을 보고 있었다. 그 사진은 배가 부른 엄마가 의자에 앉아 쉬고 있는 모습이었다.

이 사진을 본 어린 아들이 엄마에게 물었다.

"엄마! 나는 어디에 있어?"

엄마는 손가락으로 사진을 가리키며 말했다.

"응, 너는 엄마 뱃속에 있어."

어린 아들은 이해가 되지 않는다는 듯 고개를 갸우
뚱하며 물었다.

"엄마! 왜 날 먹었어?"

마누라 사진

한 남자가 술집에 들어와서 맥주 한 잔을 시켰고, 술이 나오자 그는 술을 마시면서 셔츠 주머니 안을 들여다 보았다.

남자는 한 잔을 다 마시고 또 한 잔을 시킨 뒤 다시 셔츠 안을 들여다보는 것이다. 이렇게 술 한 잔과 셔츠 안주머니 보기를 반복하는 것이다. 다시 남자가 술을 시키자 술집 주인이 궁금해서 물었다.

"근데 왜 자꾸 주머니를 들여다 보는 거요?"

그러자 남자가 대답했다.

"주머니 안의 우리 마누라 사진이 예뻐 보이기 시작하면 집에 갈 시간이거든요."

그 여자는 당신

　남편이 한 여자로부터 온 우편물을 뜯어 보더니만
얼굴색이 금방 창백하게 변했다.
부인이 옆에서 보다가 의심이 생겨서,

"또 혹시 여자에게서 온 편지 아니에요? 당신은 그 버릇을 못 고치는군요"

남편이 대답하길,

"여자한테서 온 것은 확실한데 당신 단골 의상실에서 온 청구서요. 자! 봐요."

건망증

　건망증이 심한 한 선비가 갓을 쓰고 길을 가다 큰 것이 마려웠다. 참을 수도 없고 해서 길 옆 소나무 숲으로 들어갔다. 그리고는 갓을 벗고 변을 볼 준비를 하다가 문득 자신이 건망증이 몹시 심한 것만은 알고 있던 터이라, 갓을 벗어 소나무에 걸면 잃어버릴 것 같아 묘안을 냈다.

　그것은 갓을 벗되 용변을 마치고 일어나면 자신의 머리에 닿도록 나무에 걸고 용변을 보는 것이었다.

묘안을 생각해 낸 그 선비는 용변을 보고 시원스럽다는 생각으로 일어서는데 웬 갓이 머리에 걸리는 것이었다.

"어, 웬 갓이야? 어느 정신 없는 놈이 여기에 갓을 걸어 놓고 그냥 갔구먼. 쓸만하니 내가 쓰지."
하고 갓을 쓰려는데 그만 아차하고 자기가 눈 변을 밟았다.
어이쿠! 이건 뭐야 어 똥이잖아? 웬 나쁜 놈이 똥을 여기에 눴어. 못된 놈 같으니라구!"

자기 전에는

수업 시작 종이 울리고 선생님이 들어오시자 한 학생이 손을 번쩍 들고 일어났다.

"선생님! 저 화장실 좀 다녀오겠습니다."

"그래, 다녀와라. 그런데 넌 쉬는 시간에는 뭘 하고 지금 화장실에 가니?"

"선생님! 저는 집에서도 자기 전에 화장실에 다녀오는 습관이 있거든요."

경상도 할매

　경상도 할머니가 버스를 타려고 정류장에서 기다리고 있는데 옆에 한 외국인도 버스를 기다리고 있었다.

　이윽고 버스가 모퉁이를 돌아서 오자 할머니가 말했다.

　"왔데이!"

그러자 옆에 있던 외국인이 오늘이 무슨 날 (what day?)이냐고 자신에게 묻는 줄 알고 마침 월요일이라,

"먼데이!(monday!)"

하고 대답하자, 할머니는 뭐가 오느냐고 묻는 줄 알고,

"버스데이!"

하자 외국인이 다시 오늘이 할머니 생신이라고 하시는 줄 알고,

"해피 버스데이!"라고 했다.

이 말을 들은 할머니 다시 외국인에게,

"해피버스 아니데이, 좌석버스데이."

나이는 같아

다리의 통증이 심한 할머니가 장마철이 되자 도저히 아픔을 참지 못해 병원을 찾았다.

"의사 양반, 왼쪽 다리가 쑤시는데 요즘 같은 날씨엔 도저히 못 참겠수. 혹시 몹쓸 병은 아닌지."

할머니의 걱정에도 아랑곳 하지 않고 의사는 건성건성 대답했다.

"할머니, 걱정하지 않으셔도 돼요. 나이가 들면 다 그런 증상이 오는 거예요."

그러자 할머니는 버럭 화를 내며 말했다.

"이보슈, 의사 양반! 아프지 않은 오른쪽 다리도 나이는 동갑이여."

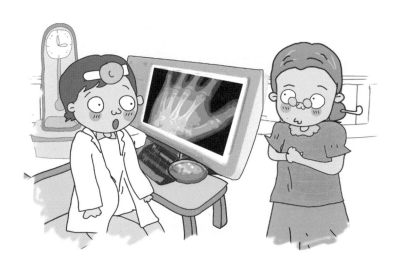

나 혼자서도

어떤 할머니가 횡단보도에서 신호등을 기다리고 있는데 한 학생이 다가와 친절하게 말했다.

"할머니, 제가 안전하게 건너시도록 도와드릴게요."

할머니는 학생의 호의를 고맙게 여겨 횡단보도를 건너가려 하자 학생은 깜짝 놀라며 할머니를 말렸다.

"할머니! 아직 안 돼요. 파란 신호등이 들어오면 건너셔야 해요."

하자 할머니는 학생을 똑바로 쳐다보며 말했다.

"학생! 파란불일 때는 나 혼자서도 충분히 건널 수 있어!"

장사가 잘 되서

영선이가 지하철역을 막 나오는데 걸인이 두 손에
모자를 든 채 구걸을 하고 있는 것이 보였다.

그 앞을 지나가던 영선이가 왼쪽 모자에 동전을
넣으며, 모자가 두 개인 것이 이상하여 왜 모자를
두 개나 들고 있느냐고 물어보았다.

걸인이 말하기를,

"장사가 번창해서 체인점을 하나 더 냈어요."

가족은 모두 여기에

가정의 날이 되자 죄수의 가족, 친척들이 건강을 걱정하고, 위로하고 돌아갔다. 그런데 유독 한 죄수 만은 아무도 면회를 오지 않는 것을 보고 이상하게 여긴 소장은 그 사연을 물었다.

"알고 보니 당신이 이곳에 온 후로 찾아준 사람이
라고는 아무도 없군요. 가족도 친구도 없나요?"
그러자 그 죄수가 말했다.
"저희 가족과 친구들 모두 여기에 와 있습니다."

노인과 보청기

노인 두 명이 의자에 앉아 이야기를 하고 있었다.

한 노인이 먼저 입을 열었다.

"이봐, 아들놈이 보청기 사 왔어. 무척 비싼 거래."

자랑삼아 이야기 하자 다른 노인이 말한다.

"아침에 무엇을 먹었다고?"

한 노인이 말한다.

"그런데 이 보청기를 껴도 별로 도움이 안 되는 것 같아."

다른 노인이 말한다.

"요즘 독감이 유행이래. 그래서 무엇을 먹어도 소화를 못 시킨데.

머리카락이 많은 건

다섯 살짜리 어린 아들이 엄마한테 물었다.

"엄마, 아빠 왜 머리카락이 하나도 없어?"

"응, 그건 머리를 많이 쓰시기 때문이란다."

"그럼, 엄만 왜 그렇게 머리카락이 많아?"

"이 녀석, 저리가지 못해!"

엄마는 유난이 큰 소리로 말했다.

꼬마의 대답

툭하면 큰소리로 야단을 일삼는 무서운 선생님이 어느 날 학생에게 질문을 했다.

"지구가 둥글다는데, 그걸 어떻게 알 수 있지? 어디 말해봐!"

그러자 그 학생은 덜덜 떨면서 대답했다.

"아닙니다, 선생님. 전 그런 소리 한 적 없어요!"

사마귀

각시를 태운 가마가 언덕길을 넘어 마을로 향해 내려가고 있었다. 그런데 길을 안내하던 사람이 잠시 머뭇거리더니 일행을 세운다.

"뭐야? 이제 다 온 것 같은데."

"여기, 이것 좀 봐요."

그가 가리키는 곳에는 커다란 사마귀 한 놈이 길을 막고 버티고 서 있었다.

"저건 벌레잖아!"

독이 나면 사람도 문다는 사마귀였다. 사마귀는 길 한가운데에서 가마의 행렬을 비켜줄 생각이 없어 보인다.

"그냥 밟아버려!"

그 때 뒤에서 나이가 많아 보이는 아저씨가 나서서 말린다.

"저 사마귀가 아마 우리에게 할 말이 있는 모양이지?"

"할 말이라고요?"

"그래. 아마 시집가는 각시를 보내고 싶지 않은 모양이야."

"보내고 싶지 않다니요?"

"저 사마귀, 아마 숫놈일거야. 그리고 가마 속의 아가씨를 혼자 사모했던 모양이지."

평생 버스나 타라

　출근 시간에 버스 기사와 승객 사이에 말싸움이
벌어졌다. 서로 옥신각신 욕을 하다가 승객이 버스
기사를 향해,
"평생 버스 기사나 해라!"
하고 소리 지르며 내리려 하자, 버스 기사의 말.
"당신은 평생 버스나 타고 다녀라!"

화상 입은 이유

한 아줌마가 양쪽 귀에 심한 화상을 입고 응급실
로 실려 왔다.

그 환자를 치료하기 위해 응급실에서 환자의 얼굴
을 보던 의사는,

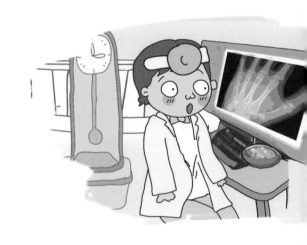

"아니 어떻게 했기에 이런 심한 화상을 입으신 겁니까?"

"음, 제가 다림질을 하고 있었는데 갑자기 전화가 와서, 그만 전화를 받는다는 것이."

"그럼 오른쪽 귀는 어떻게 된 겁니까?"

"그 남자가 다시 전화를 하는 바람에.

계산은 할머니가

 예쁜 아가씨가 할머니와 함께 과일 가게에 들렀다.

아가씨는 생글생글 웃으며 주인에게 물었다.

"아저씨, 이 사과 한 개에 얼마예요?"

"한 개는 뽀뽀 한 번만 해주면 그냥 줄 수 있지
요."

"그럼, 이 사과 두 개랑 토마토 세 개, 그리고 체리
한 근만 주세요."

"예에! 돈이 많이 되겠네요."

주인 아저씨는 신이 나서 과일을 담고 있었다. 과일을 담는 주인 아저씨는 어느새 얼굴이 홍당무처럼 달아 올랐다.

아가씨가 걸어 나오자 주인 아저씨는 어느새 뽀뽀할 준비를 하고 있는 것 같았다. 그러나 아가씨는 걸어나오면서

"계산은 할머니가 할 거예요."

한다.

진품의 고향

한 남자가 TV의 '진기명기' 시간에 얇은 '고서적' 같은 것을 들고 감정사 앞에 내 놓았다.

"우리 집에 대대로 물려 온 귀한 족보입니다. 이 귀한 족보가 얼마나 나갈지 궁금해서요."

감정사들이 그 책을 한 장 한 장 넘겨 보았다.

이 책을 가지고 나온 남자는 무척 자랑스럽고, 또 호기심 어린 눈빛으로 감정사들의 얼굴을 바라보고 있었다.

"이 족보가 조상 대대로 물려받아 온 것이 맞습니까?"

"예–, 그렇습니다. 얼마나 나갈까요?"

"글쎄요. 이런 것은 감정해 본 일이 없어서."

그 남자는 값진 것일 거라는 생각에 더욱 신이 났다. 그래서 다시 얼마나 되나 감정사를 다그치자 감정사가 말한다.

"이건 노비 문서입니다."

때밀이 개구리

한 연못을 지나던 농부가 이상한 개구리 한 마리를 발견하고 걸음을 멈추었다.

여러 마리의 개구리 가운데 한 개구리만이 유독 팬티를 입고 있었다.

이상히 여긴 그 농부가 팬티를 입고 있는 개구리에게 그 이유를 물어 보았다.

"저는 때밀이 개구리인데요."

가방을 싸요

한 여자가 50억 짜리 복권에 당첨되었다.

그러자 그녀는 바로 집에 와 남편에게 말한다.

"여보, 어서 가방 싸세요. 50억 짜리 복권에 당첨
됐어요."

남편은 너무 기쁜 마음에,

"그게 정말이오? 짐을 어떻게 쌀까? 한 두어 달 묵
을 짐으로 쌀까?"

"뭐요? 두어 달이라니? 여기서 당장 나가란 말이
오. 난 이제 당신 같은 사람 필요 없으니까!"

참새의 변

　참새가 전깃줄에 앉아 있는데 마침 원수 같은 사냥꾼이 지나가는 것이 아닌가?

　마침 잘됐다 생각한 참새가 사냥꾼의 머리를 향하여 똥을 쌌다.

참새의 똥을 머리에 뒤집어 쓴 사냥꾼이 참새를 올
려다 보고 하는 말.

"야~ 인마! 너는 팬티도 안 입고 다니냐?"

하고 고함을 치자 참새가 하는 말.

"야~~!! 너는 팬티 입고 똥 싸냐?"

정신병자의 말

정신병원에 입원한 한 환자가 빗자루를 들고 기타 치는 흉내를 내면서 노래를 부르고 있었다.

지나가던 간호사가 하도 어이가 없어서

"아저씨, 기타 참 잘 치시네요."

라고 칭찬하자 그 환자는 이렇게 쏘아 붙였다.

"당신 정신병자요? 이게 빗자루지 기타야?

창과 방패

마을 앞에 장이 섰다. 사람들은 각자 닭, 약초, 호박 등을 들고 나와 팔고 있다. 또 이를 기웃거리는 사람들은 자기가 필요한 물건이 있나 살피고 있다.

그런데 한 곳에서,

."이 창은 강하여 어떤 방패도 이를 막지 못합니다."

그러더니 이번에는 방패를 들고 의기양양한 듯,

"이 방패는 강하기 이를 데 없어 어떤 창도 뚫지
못합니다."

이를 지켜보던 한 노인이 그 장삿꾼에게 묻는다.

"그럼 아까 저 창으로 이 방패를 찔러 보시구려."

한 커플이 커피숍에서 커피를 마시고 있었다. 그런데 여자가 갑자기 방귀가 나오려는 것을 참기가 어려웠다. 그래서 여자는 남자에게 '사랑해~!'라고 크게 외치며, 그 순간을 이용해 방귀를 꾸기로 했다.

여자는 좋은 생각이라고 자화자찬하고,

"사랑해~~!"

라고 큰소리로 말하면서 방귀를 뿡~꾸었다. 그러
자 남자가,

"뭐라고? 방귀 소리 때문에 못 들었어. 다시 한 번
말해봐!"

아기가 울면

한 여자가 늦둥이를 낳았다.

그 늦둥이의 출산을 축하하기 위해 친척들이 와서 아이를 보자고 하자 여자가 말했다.

"아직 안 돼요."

잠시 기다린 친척들은 궁금하기도 하고 지루하기도 하여 다시 아이를 보자고 했다. 그러나 여자는 또 고개를 저어서,

친척들은 아기 엄마에게 물었다.

"아기가 어디 아프우? 아니면 우리가 볼 때가 안
되었우."

그러자 아기 엄마가 말했다.

"아기가 울면 보여줄게요."

아기 엄마는 이번에는 사정하듯 말한다.

"아기를 어디에 두었는지 기억이 안나잖아요."

보물 여기 없음

영구가 산에 갔다가 보물을 발견했다. 그러나 임자가 나타날 것 같아 산에 묻어두고 오기로 하고 땅을 파고 묻었다.

그것이 너무 잘 묻어 자기가 다시 와도 못 찾을 것 같아 푯말을 하나 써 놓았다.

'여기 영구가 보물을 묻지 않았음.'

다음 날 영구의 친구인 맹구가 산에 갔다가 이상한 푯말을 보고 그곳을 파서 보물을 손에 넣었다. 그러나 맹구도 자기가 가져간 것을 영구가 알 것 같아 그 자리에 푯말을 써 놓았다.

'맹구 여기 보물을 가져가지 않았음.'

거긴 너무 멀어

　비둘기들은 그 아이가 빵을 던져 주는 대로 부지
런히 머리를 숙여 쪼아 먹고 있었다.
그런데 그 옆을 지나가던 어떤 아저씨가 이 모습을
지켜 보더니 비둘기에게 빵을 주는 아이를 향해 한
마디 한다.

"이봐, 꼬마 아가씨! 지금 저 먼 아프리카의 소말
리아에서는 많은 어린이들이 먹을 것이 없어 굶어
죽고 있는 데 비둘기에게까지 빵을 주면 못써!"
그러자 그 어린이,
"전, 그렇게 먼 곳까지 빵을 던질 수가 없어요."

불경기라

　고양이도 빨랐지만 쥐는 더욱 빨랐다. 결국 쥐를 놓쳐버린 고양이는 한 가지 꾀를 내어 쥐가 숨어버린 구멍에 쪼그리고 앉아서,

"멍멍~~! 멍멍멍!!"

하고 짖어 댔다. 그러자 쥐는 고양이가 간 줄 알고,

"미친 놈, 그렇게 끈기가 없이 무슨 쥐를 잡겠다고!"

하면서 쥐구멍에서 밖을 빠꼼이 내다 보다가 그만 고양이에게 잡히고 말았다.

쥐를 물고 가던 고양이,

"요즘 같은 불경기에 2개 국어는 해야 먹고 살 수 있지!"

호랑이가 나와요

한 아이가 집으로 뛰어 들어와,

"할머니, 할머니 저기 장터에 호랑이가 나타났데요."

하자 할머니는 '그런 말도 안 되는 거짓말을 한다'고 웃어 넘기신다.

조금 있다가 다른 아이가 또 뛰어 들어오더니 첫 번째 아이와 같이 말했다."

"할머니, 할머니 저기 장터에 호랑이가 나타났데요."

하자 '이 녀석들이 할머니를 놀리나 지금이 어느 때라고' 혀를 차신다.

다시 세번째 아이가 달려와

"할머니, 할머니 저기 장터에 송아지만한 호랑이
가 나타나 사람들이 깜짝 놀라 모두 도망갔대요."
하자 할머니는,

'그것 참, 웬 거짓말 같은 말을 그렇게 해대나. 혹
시 모르니 밖의 대문을 꼭 닫으라고 해야겠구먼.'

모조품

　"우리 집 여편네가 자가용을 사달라고 얼마나 보채는지 견딜 수가 있어야지. 할 수 없이 다이아몬드가 잔뜩 박힌 목걸이를 사줬지."

　"이 친구 바보로군. 자가용을 사면 함께 탈 수 있을 텐데. 더 많은 돈을 쓰면서 다이아몬드 목걸이를 사?"

　"그게 말이야. 아무리 보아도 자동차는 모조품이 없더란 말이지."

저 비가 오는 이유

먹을 양식도 넉넉지 않고 잠잘 곳도 넉넉하지 않은 시골 초가였다.

하루는 사돈 영감이 딸을 찾아 왔다가 그만 장맛비로 꼼짝없이 묵게 되었다

시아버지는 눈치만 볼 수밖에 없었다.

'비라도 멎어야 가라든지 할 텐데,'

며칠을 내리던 비는 잠시 가랑비로 바뀌어 내리고
있었다. 이때다 싶어 사돈 앞에 가서,

 "사돈 영감, 억수 같이 쏟아지던 장맛비가 사돈 영
감을 가시라고 이렇게 멈추었나 봅니다."

하고 넌지시 사돈 영감의 속셈을 떠 보았더니 사돈
영감이 하는 말,

 "나를 가라고 멎은 것이 아니고 더 좀 있으라고 이
슬비가 내리는 것이라오."

다불유시(多不有時)

매일 아침 조깅을 하던 남자가 하루는 동네를 돌다가 나무로 된 낡은 쪽문에 多不有時(다불유시: 多: 많을 다, 不:아닐 불, 有:있을 유, 時:때 시)라고 적혀 있는 것을 보게 되었다.

"많고, 아니고, 있고, 시간?"

"시간은 있지만 많지 않다는 뜻인가?"

그 한문을 읽을수록 점점 무슨 뜻인지 모를 것 같았다. 그러다 누가 그 글을 왜 그곳에 썼는지까지 궁금해졌다.

다음 날, 한 청년이 그곳에서 나오는 것을 보고 얼른 달려가 그 글을 쓴 사람이 당신이냐고 물어보았다.

그는 그렇다고 하면서 오히려 이상한 눈으로 이 사내를 바라보는 것이었다.

"저 사자성어에는 무슨 깊은 뜻이 있는 듯한데 내 아무리 생각해 봐도 모르겠소. 하니 내게 그 뜻을 살짝 알려줄 수 없소?"

"아, 저 한자요? 'WC'를 한자로 음역한 것이지요."

파계 스님

어느 고을에 덕망이 높아 신도들에게 존경을 받는 승려 한 분이 있었다. 그 승려는 언제나 자기만이 불심이 깊고 올바른 행동을 하는 중인 양, 자기는 술, 고기, 여자를 절대로 가까이 하지 않았다고 하였다.

이 중이 어느 날, 신도의 초대를 받아 마을로 내려왔다. 이때 신자 중의 한 사람이 승려의 도포 자락 속에 병꼭지가 살짝 나와 있는 것을 보고,

"스님, 도포 속에 있는 병이 무엇입니까?"

하고 넌지시 묻자,

"아, 이것 말인가? 술병이라네."

하고 천연덕스럽게 대답하는 것이었다.

신도가 또,

"아니, 스님께서는 술을 잡수십니까?"

"아, 그런게 아니라 고기가 있어서 그것을 좀 치워야 하겠기에 술을 샀네그려. 이를테면 약술이라고 하는 것이지."

하고 좀 난처한 듯이 대답했다. 그러나 신도는 또 고기가 있다는 말에,

"고기도 잡수시는군요."

"아니오, 어제 저녁에 먼 곳에 계신 장인이 보내온 거요."

만 두

"만두 사세요, 고기만두!"

하는 만두장사의 목소리는 기운이 하나도 없었다.

"여보게, 도대체 그 목소리가 너무 힘이 없어 보이
는데 웬일인가?"

"배가 고파서 그렇습니다."

"그렇다면 그 파는 만두라도 몇 개 먹으면 될 게
아닌가?"

"이 만두는 쉬어서 먹을 수가 없습니다."

천생 부부

노부부가 TV 앞에 앉아 있었다.

아내가 일어나려고 하자 남편이 물었다.

"당신 주방에 가는 거요?"

아내가 대답했다.

"그래요, 그런데 왜요?"

"그럼 오는 길에 냉장고에 있는 아이스크림이랑 우유를 갖다 주시겠소? 혹시 잊어버릴지도 모르니까 종이에 적어서 가요."

그러자 부인이 말했다.

"당신은 내가 치매라도 걸린 줄 알아요. 걱정 말아요."

한 노인이 시골 우체국에 찾아왔다. 우체국에 들른 할아버지의 손에는 커다란 봉투가 하나 들려 있었다.

"이 우편물을 붙이려는데 얼마요?"

우편물을 저울 위에 올려놓던 직원은 ,

“우편물이 무거우니 우표를 더 사서 붙여야 합니다.”

“여보, 우편물이 무겁다고 해 놓고 그 위에 우표를 사서 붙이라고? 그럼 더 무거워질 게 아니요!”

나보다 차를

　차를 운전하던 남자가 차를 세우고 내려 엔진 덮개를 열고 한동안 들여다 보고 있었다. 이를 본 동승한 부인이 다가와 남편의 모습을 살핀다.

"왜요?"

"차가 이상해! 엔진 소리가 이상하더니, 뭔가 이상한 듯싶어."

그 소리를 들은 부인은 남자에게 한 마디 쏘아 붙였다.

"저 번에 내가 감기가 들어 기침을 할 때는 묻지도 않더니 차소리가 좀 이상하다고 그렇게 들여다 봐요!"

동물 소리 흉내

동물 소리를 잘 낸다는 세 명의 사내가 카페에 모여 각자 자기 자랑을 늘어 놓았다.

첫번째 사내가 말했다.

"내가 꽥꽥거리고 오리 소리를 내면 새끼 오리들이 모두 나에게 몰려들어."

그러자 두 번째 사내가 코웃음을 치며 말했다.

"그래? 내가 큰소리로 개 짖는 소리를 내면 어떻게 되는지 알아?"

"우편배달부가 기겁을 하고 나무 위로 기어 올라가지."

그러자 이번엔 세번째 사내가 말했다.

"뭐 그까짓 것들을 가지고 큰소리야? 내가 수탉 울음소리를 내면 어떻게 되는지 알아? 아침 해가 떠오른다구!"

어부의 횡재

어부가 고기잡이를 마치고 집으로 돌아가려고 발길을 돌리는데 모래톱 저쪽에 새 한 마리가 조개를 물고는 서로 꼼짝을 못하고 있었다.

새는 조개에게,

"빨리 물은 것을 놓지 않으면 넌 물을 못 먹어 결국 죽고 말거야."

"남 걱정하고 있군. 내가 널 놔 주지 않으면 결국 배가 고파서 죽고 말거야. 그러니 물고 있는 부리를 놔."

그렇게 싸우고 있지 않은가.

이를 본 어부는 마침 고기도 얼마 잡지 못한 터라 이 새와 커다란 조개를 통채로 잡아 자루에 넣고 집으로 돌아갔다.

산타 할아버지

어느 동네의 여섯 살짜리 천진한 사내애와 여덟 살 난 약은 여자애가 이야기하고 있었다.

"만일 산타할아버지가 없는 걸 알아 버린다면 아빠 엄마가 선물도 그만 주실까?"

소년이 걱정스레 묻자, 소녀가 이렇게 안심시키는
것이었다.

 "우리가 산타할아버지가 있다고 믿는 한, 우리 아
빠 엄마도 우리를 실망시키지 않기 위해 그렇게 믿
을거야. 그러니 우리는 산타할아버지가 있다고 믿
기만 하면 돼.

재봉틀로 박아라

흥부와 놀부가 하늘나라에 가서 심판을 받게 되었다.

하늘의 판사가 흥부에게 먼저 물었다.

"이승에서 나쁜 일을 몇 번이나 했느냐?"

"3번입니다."

곧 판사의 판결이 내려졌다.

"흥부를 바늘로 3번 찔러라."

이번엔 판사가 놀부에게 같은 질문을 했다.

놀부는 속으로 나쁜 일을 많이 했다고 하면 팔이
아파 바늘로 못 찌를 거라고 생각하고,

"셀 수 없이 많습니다."

라고 대답했다. 그러자 이번에는 판사가,

"저 놈을 재봉틀로 박아라!"

165

믿을 사람 없어

　손자가 할아버지를 따라 목욕탕에 갔다.목욕탕은
뿌연 수증기로 가득 차 있었다.
　할아버지가 먼저 목욕탕에 들어가자 곧 탕 속으로
들어가셨다.
　"어! 시원해!"
　"할아버지 어디 있어요?"

“어서 와라. 탕 안으로 들어와.”

“안 뜨거워?”

“그래 , 안 뜨거워. 뜨겁기는 시원하지.”

손자가 탕 속으로 발을 들여 놓다 말고 화들짝 놀

랐다.

“앗! 뜨거워!”

탕 밖으로 나온 손자는 혼자말로 중얼거렸다.

“세상에 믿을 놈 하나 없네.“

길쭉 창 옆이죠

양식집이다. 한 손님이 비프스테이크를 청했다.
웨이터가 가져온 접시를 바라보며 손님이 말했다.

"어제 먹은 것은 고기가 많았는데 오늘 것은 엉망
이군."

웨이터가 이상한 듯 물었다.

"손님, 어제는 어느 좌석에 앉아 계셨습니까?"

"저기 길 쪽 창 옆이었소."

그러자 웨이터가 알았다는 듯이 대답했다.

"알았습니다. 저기는 밖에서 잘 보이는 곳이라 광고용으로 드리기 때문에 고기가 더 많습니다."

제게 흰돌을

아버지와 아들이 바둑을 두고 있었다

"이제 흰 돌을 제게 주세요."

"이 녀석이 버릇도 없이. 아직은 네가 내게서 흰 알을 못 뺏어가."

"지난 번 지셨을 때, 제게 흰 알을 주신다고 하셨잖아요."

"그랬나?"

"그럼, 이번에 내가 지면 정말 흰 알을 주지."

"약속하셨어요!"

"바둑을 내가 네게 가르쳤는데. 이젠 네가 흰 알을 가지고 두겠다고?"

아버지는 입맛이 쓴 듯,

"내가 가르친 놈에게 이제 배우게 되었지 않나!"

차용증서

"변호사님! 제가 어느 친구에게 100만 원을 빌려 주었는데 약속 날짜가 되어도 갚지 않습니다. 어떻게 받을 방법이 없을까요?"

"차용증서는 받으셨나요?"

"가까운 친구인데 그런 것을 써 달라고 할 수가 있어야지요."

"그래요? 차용증서가 없으면 청구 소송을 할 수는
없습니다. 그럼 이렇게 해 보세요."

"어떻게요?"

"돈을 꾸어 간 친구에게 당신이 언제, 얼마를 나에
게서 차용해 간 돈 200만원을 빨리 갚으라고요."

"그렇지만 꾸어준 돈은 100만 원인데요?"

"그래도 시키는데로 내용증명을 보내십시오"

내용증명을 받은 친구는 펄쩍뛰며 다음과 같이 편지를 보내왔다.

"200만 원이라니, 이게 무슨 황당한 소리인가? 그때 내가 꾸어간 돈은 100만 원인데, 왜 200만 원이라는 거야?"

이와 같은 답변을 받아와 변호사에게 보이자 변호사는,

"이제 됐습니다. 이만하면 100만 원짜리 차용증서가 만들어진 셈이군요."

스님이 한 수 위군요

어느 스님이 시골길을 걷고 있었다. 그늘진 정자
나무 밑에 세 사람의 농부가 둘러 앉아 무엇인가 의
논이 분분하다. 스님이 가까이 가니까 그 중의 한
농부가 반가워 하면서 말을 걸었다.

"대사님, 잘 오셨습니다. 사실은 우리 셋이 조금 전에 여기에서 5천 원짜리 돈을 주었습니다. 딱 한 장이니까 쪼갤 수도 없고, 막걸리를 마시자니 돈이 아까워서 우리는 각기 거짓말을 해 가지고 최고의 거짓말쟁이가 이 돈을 갖기로 하였습니다. 그러니 대사님께서 최고의 거짓말을 가려 주십시오."

스님이 아주 근엄하게 대답했다.

"무슨 말씀들을 하십니까? 아무리 작은 일이라도 거짓말은 안 되는 일. 그렇거늘 최고의 거짓말을 해서 돈을 갖는다는 것은 옳지 못한 일이요. 우리 같이 입산수도하는 중은 털끝만한 거짓말도 해 본 기억이 없는데 어떻게….."

그러니까 세 명의 농부가 손뼉을 치면서,

"우리가 졌다. 대사님, 5천원 가지십시오."

하는 것이었다.

아빠가 이길 줄 알고

파출소에 급히 달려온 한 아이가,

"순경 아저씨, 지금 큰일 났어요."

"무슨 큰일이냐?"

"저쪽에서 싸움이 일어났는데, 지금 우리 아빠가
얻어맞고 있어요."

“싸움이 언제부터 시작됐지?”

“한 시간은 되었어요.”

“그런데 왜 이제야 왔니?”

하고 순경이 물으니 아이가 한다는 대답이,

“우리 아빠가 이길 것 같아서요.”

달걀이 짠 이유

영구와 그의 친구가 소금에 절인 달걀을 먹으며 고개를 갸웃거렸다. 영구가,

"이상한데. 달걀에는 아무 것도 묻지 않았는데 짭짤하니 말이야."

하고 말하자,

"그건 소금에 절인 닭이 낳은 알이라서 그래."

하고 영구 친구가 얼른 아는 체를 했다.

어떤 질문

수업이 거의 끝날 무렵, 선생님이 학생들에게 말했다.

"자, 이제 시간이 조금 남았는데, 너희들의 질문을 받도록 하겠다. 질문할 것이 있으면 질문을 하도록."

그러자 영구가 손을 들고 일어나더니,

"선생님, 끝나려면 몇 분이나 남았죠?"

이미 늦었어요

어느 시골에 손녀와 늙은 할머니 두 식구가 살고
있었다.

하루는 해가 어둑어둑 하여 저녁을 먹게 되었다.
한참 저녁을 먹다가 여섯 살 난 손녀가,

"할머니"

하고 부르자 할머니가 하는 말이,

“잠자코 저녁이나 먹어라. 애들은 음식을 먹으면
서 떠드는 것이 아냐?”
하고 꾸짖고는 저녁을 먹었다.
 저녁상을 물리고 난 할머니가,
“영순아, 할머니에게 할 말이 무어냐?”
하고 손녀에게 물었다.
 “할머니, 이미 늦었어요. 할머니 국에 파리가 한
마리 들어갔거든요.”

넌 하늘 더 가까이에 있어

옛날에 한 고을에 난쟁이와 키다리가 살고 있었다.

난쟁이가 키다리와 같이 걷다가 키다리를 향해 물었다.

"키다리야, 내가 궁금한 게 있는데."

"내가 아는 것이라면 대답해 줄 수 있지."

"저 하늘이 얼마나 높은 거야?"

"그걸 내가 어떻게 알아. 모르긴 나도 마찬가지이지."

"아니, 넌 키가 커서 하늘에 더 가까이 있으니 알 것 같아.

수탉을 찾아

닭이 부부싸움을 한 끝에 수탉이 가출을 했다.

밤늦도록 수탉이 돌아오지 않자, 암탉이 자신의 잘못을 뉘우치면서 불현듯 걱정이 되어 남편을 찾아 나섰다.

암탉은 동네방네 돌아다니며 남편을 애타게 불러 댔다.

"계란이 아빠! 계란이 아빠!"

무식한 아버지

학교에서 선생님에게 벌을 받고 왔다는 아들에게,

"애, 오늘 너 학교에서 벌을 섰다며? 무엇을 잘못하였니?"

"저, 에디오피아가 어디에 있는지 몰라서요."

"이런 멍청한 자식! 아무거나 함부로 내버려두니까 그렇지. 물건은 늘 잘 간수해야 하는 법이야."

그림 한 접시 더

극작가이자 시인이며 평론가인 벤 존슨은 혹평으로 유명했다.

어디든 초대되어도 나온 음식에 대해 흉보는 것이 버릇이었다.

얼마나 지독하게 흉을 보는지 함께 모인 사람조차 기분이 망칠 정도였다. 당연히 분위기도 엉망이 되기 일수였다.

어느 날, 그가 식탁에 나온 음식을 보자 여지 없이
흉을 보는 것이었다.

"이것은 여지 없는 돼지 먹이로구만."

그러나 그 집의 안주인 역시 만만치 않은 사람이었다.

"어머나! 그래요. 그렇다면 한 접시 더 드려야겠군요."

돌아온 달팽이

어느 날 맹구는 누가 문을 두드리는 소리가 들려 나가 보았다.

문 앞에는 달팽이 한 마리가 앉아 있었다.

"에이, 뭐야!"

짜증이 난 영구는 달팽이를 들어 있는 힘을 다해 멀리 던져 버렸다.

3년 후, 맹구는 다시 문을 두드리는 소리를 들었다.

문을 열고 나가 보니 예전의 그 달팽이가 문 앞에

앉아 있었다.

달팽이는 맹구를 노려보며 물었다.

"그 때 왜 그랬어?"

그건 아니야

너무나 삶이 어려운 한 러시아인이 자살하기로 결정을 했다.

어느 날 저녁, 그는 빵을 한 뭉치 옆구리에 끼고 시골길을 걷고 있었다.

마침내 철로가 나타나자 이 사람은 그 위에 길게 누웠다.

얼마 후 한 농부가 이 광경을 보고 물었다.

"여보, 거기 철로에 누워서 무얼 하는 거요?"

"자살을 하려고요."

"그런데 그 빵은 뭐요?"

"아, 이거요. 이 지방에서는 기차 오는 걸 기다리려면 굶어 죽을 수도 있다고 해서요."

독한 아내

　남편 앞으로 많은 생명보험을 든 아내가 그 돈을
노리고 남편을 독살하였다.

　아내는 바로 경찰에 체포되었다. 담당 경찰이 아내
에게 심문을 하였다.

"남편이 독이 든 커피를 마실 때 조금도 양심의 가
책을 안 받았나요?"

"조금 불쌍하다고 생각을 한 적도 있었어요."

경찰이 다시 물었다.

"그 때가 언제였죠?"

"커피를 한 잔 더 달라고 했을 때요."

시어머니를 다시

어느 인질범이 할머니를 납치해서 인질로 잡아놓고 며느리에게 전화를 했다.

"너의 시어머니를 내가 데리고 있다. 천만 원을 가지고 오면 시어머니를 풀어주마."

며느리는,

"어림없는 소리 하지 말고 니 맘대로 해라."

인질범은 할 말을 못하고 잠시 있다가,

"좋다. 그렇다면 너의 시어머니를 도로 데려다 놓겠다."

당황한 며느리는 다급한 목소리로 말했다.

"잠깐만. 당신 은행 계좌 번호가 어떻게 되죠?"

먼저 죄를 짓고

한 교회의 목사님이 주일 학교 어린이들에게 설교를 하고 있었다.

"우리 모두 회개를 해야 합니다."

목사님이 한 학생에게 물었다.

"거기 학생, 회개를 하려면 먼저 무엇을 해야 하지요?"

학생은 잠시 머뭇거리더니.

"네, 먼저 죄를 지어야 합니다."

남편을 백만장자로

 어느 파티장에서 한 아름다운 여성이 그녀의 친구에게 으시대며 말했다.

 "내 남편을 백만장자로 만들어 준 사람이 바로 나야."

 친구는 선망의 눈초리로 그녀를 바라보면서,

 "그러면 너와 결혼하기 전에 남편은 어땠는데?"

 그녀는 자신만만하게 말했다.

 "응? 천만장자였지, 뭐."

아버지 나이땐

아들이 날마다 학교도 빼먹고 놀러만 다니며 망나
니짓을 하자 아빠도 걱정이 되었다.

하루는 아빠가 아들을 불러놓고 무섭게 꾸짖으며
말했다.

"에이브러햄 링컨이 네 나이였을 때 뭘 했는지 아니?"

아들은 아주 태연하게 대답을 했다.

"아니~~. 몰라요."

그러자 아빠는 훈계를 하듯 말했다.

"그분은 네 나이 때 열심히 공부하고 미국 사회에 대해 많은 생각을 했었다."

그러자 아들이 바로 대꾸했다.

"아, 그 사람 나도 알아요. 아버지 나이였을 때 대통령이었잖아요."

공상 과학

대형 서점에 한 남자가 들어와서 이곳저곳을 기웃거리며 책을 둘러보다가 여직원에게 다가와 물어보았다.

"저 아가씨, 남자가 여자를 지배하는 비결에 관한 책은 어디에 있지요?"

그러자 아가씨는 퉁명스럽게 손님에게 쏘아 붙이며 말했다.

"손님, 공상 과학 소설 코너는 저 쪽입니다."

아내의 소비가

술집에서 술값을 현금으로 계산하는 친구를 보고
동료가 물었다.

"아니, 신용카드로 계산하지 그러나?"

"아, 나 신용카드를 도둑맞은지 몇 달이 지났어."

"그래? 그럼 분실 신고를 했나?"

"아니, 안했다네. 도둑이 내 아내보다 훨씬 돈을 덜 쓰고 있거든."

의사가 화가 나서

　외과의사인 영구는 누구보다 안전띠 착용을 권장하는 사람이었다. 그는 여러 곳을 다니며 많은 강연을 했다.

"여러분, 운전을 할 때 안전띠를 매지 않는다는 것은 이미 50퍼센트의 목숨을 내 놓은 것이나 다름이 없는 일입니다."

　그러던 어느 날 심한 외상을 입은 교통사고 환자가 응급실에 실려 들어 왔다.

"안전띠를 착용하셨나요?"

"아니요."

그 환자를 자세히 본 의사는 너무나 화가 났다. 그 환자는 얼마 전 자신의 강연을 듣고 갔던 사람이기 때문이다.

번호표를 뽑아와요

맹구가 차를 주차하고 은행에 들어갔다.

"속도 위반 벌금을 내러 왔습니다."

그러자 은행 창구 아가씨는,

"번호표를 뽑아 오세요."

"알았어요."

대답을 한 맹구는 곧 밖으로 나갔다.

조금 후, 맹구가 들어와 은행원에게 뭔가를 내밀었다.

"아니!"

은행원은 너무 놀라서 입을 다물 수가 없었다.

맹구는 자신의 자동차 번호판을 떼 온 것이다.

비밀 번호

 시골의 작은 은행에서 할머니 한 분이랑 은행 여직
원이 실랑이를 벌이고 있었다.
 "할머니, 비밀 번호가 어떻게 되요?"
 여직원이 묻자 할머니는 작은 목소리로 말했다.
 "비둘기."

황당한 여직원은 다시 한 번 물었다.

" 할머니, 비밀 번호를 말 안 하면 돈을 못 찾아요.
빨리 비밀 번호를 애기 하세요."

그러자 살짝 입을 가리신 할머니는 한 번 더,

"비둘기."

참다못한 여직원은,

"할머니, 바쁜데 지금 장난하는 것도 아니고 왜 그
래요. 빨리 비밀 번호 말하세요."

그제야 할머니가 비밀 번호를 말하는데,

"9999"

엄마 때문이야

맹구는 치아가 너무 못생겨서 어릴 때부터 많은 놀림을 당했다.

견디다 못한 맹구가 엄마에게 사정을 했다.

"엄마! 치아 교정 좀 해 줘요. 제발요!"

"지금은 돈이 없다. 나중에 돈생기면 해줄데니 기다려.“

"이게 다 엄마 때문이야. 엄마가 날 이렇게 낳았잖아요!"

그러자 엄마가 하는 말,

"이 놈아! 내가 너를 낳았을 때는 너는 이빨이 없었어!"

이메일이 그만

　무역업에 종사하는 어느 사업가가 먼 열대 지방으로 출장을 갔다.

　도착하자마자 그는 아내에게 도착 이메일을 보냈다.

　그런데 그만 실수로 아내의 이메일 주소를 잘못 치는 바람에 엉뚱하게 얼마 전 돌아가신 김목사님의 사모님에게 발송되고 말았다.

목사님 사모님은 그 이메일을 받아 읽어보고 그만
그 자리에서 실신하고 말았다.

 이메일에는 다음과 같이 쓰여 있었다.

 "여보, 무사히 잘 도착했소. 그런데 여기는 정말
너무 뜨겁구려."

학생이 나와서 닫아

 추운 겨울의 어느 고등 학교 수업 시간.

 화장실을 다녀온 영어 선생님이 급하게 수업 시간
에 들어왔다.

 급하게 오느라고 그는 바지 지퍼를 내린 상태로 교
실에 들어왔는데 학생들이 이를 보고 낄낄거리고
웃어댔다.

.이 때 용감한 한 학생이 큰 소리로 말했다.

"헤헤헤, 선생님 문 열렸어요!"

그러자 선생님이 하는 말,

"야~! 맨 뒤의 학생 나와서 문 닫아!"

난 중3이야

어느 날 한 젊은 스님이 목욕탕엘 갔다. 혼자 열심히 몸을 씻었는데 등을 씻지 못했다. 등을 씻어 줄 사람이 없을까 하고 사방을 둘러보니 마침 머리를 빡빡 깎은 한 학생이 있어 말을 건넸다.

"어이 학생, 내 등 좀 밀어 줄래?"

학생이 내키지 않는다는 듯이 말했다.

"아저씨! 아저씨는 누군데 나보고 등을 밀어 달라고 하세요?"

"나 말이야? 나 중이야."

그러자 학생은 벌떡 일어나 스님 뒤통수를 치면서 말했다.

"짜샤! 난 중3이야!"

빗자루 좀

어두운 곳을 몹시 무서워하는 아이가 있었다.

어느 날 밤 엄마는 아이에게 뒷마당에 있는 빗자루
를 가지고 오라고 시켰다.

"엄마, 바깥은 지금 너무 어두워서 무서워요."

"뭐? 걱정하지마. 밖에는 예수님이 계신데 뭐가 무섭니? 널 지켜 주실거야."

정말 밖에 예수님이 계세요?"

"그럼, 그분은 어디에든 계셔. 네가 힘들 때 널 도와 주신단다."

그러자 아이가 잠시 생각하더니 뒷문을 살짝 열고 틈새로 말했다.

"예수님, 거기 계시면 빗자루 좀 갖다 주실래요?"

튀어요

목사가 어느 집 앞을 지나다 키가 작은 아이가 제 키보다 높이 달려 있는 초인종을 누루려고 애쓰는 모습을 보고는 그 아이를 안아 올려주었다. 그러자 그 아이는초인종을 길게 눌렀다.

그리고는 아이를 내려 놓고는 미소를 지으며,

"자, 이제 또 무엇을 도와 드릴까요, 꼬마 신사
님?"

그러자 아이가 다급하게 소리쳤다.

"튀어요!"

당연하지

땀을 뻘뻘 흘리며 집에 들어온 맹구에게 동생이
물었다.

"형! 물고기도 땀 흘려?"

더위에 지친 맹구는 대꾸도 하지 않고 방으로 들어
왔다.

동생이 방에까지 따라 들어와 다시 한 번 물었다.

."형, 말 좀 해 봐. 물고기도 땀을 흘리냐구?"

그러자 맹구가 휙 돌아서며 귀찮다는 듯 말했다.

"당연하지. 이 바보야! 그렇지 않으면 바닷물이 왜 짜겠니?"

삼천 원을 빼야지

어느 시골 할아버지가 서울에 와서 택시를 탔다.
목적지에 도착을 하자 요금이 만 원 나왔다.
그러자 할아버지는 요금을 7,000원만 내는 것이
아닌가.

택시 기사는 황급히 말했다.

"할아버지, 요금은 만 원이 나왔는데요."

그러자 할아버지가 택시 기사에게 가까이 다가와 씨익 웃으면서 말했다.

"이놈아! 요금이 3,000원부터 시작하는 것 내가 다 알고 있어."

스님의 질문은

큰스님이 말하기를,

"다들 모였느냐? 오늘은 너희들 공부가 얼마나 깊은지 알아보겠다."

"새끼 새 한 마리가 있었느니라. 그것을 데려다가 병에 넣어 길렀다. 그런데 이게 자라서 병 아가리로 꺼낼 수 없게 되었는데 그냥 놓아두면 새가 더 커져서 죽게 될 것이고 병도 깰 수 없느니라."

"자, 이제 새를 구할 방법을 말해 보거라. 새도 살리고 병도 깨지 말아야 하느니라. 너희들 대답이 늦으면 늦을수록 새는 빨리 죽는다. 자, 빨리 말해 보거라."

제자들 중 한 명이 대답하기를,

"새를 죽이든지 병을 깨든지 둘 중 하나를 고르는

수밖에 없습니다."

그러자 큰스님 대노하여 말씀하시길,

"미친 놈, 누가 그런 뻔한 소리를 듣자고 화두를 던진 줄 아느냐?"

이에 다른 제자가 다시 대답하기를,

"새는 삶과 죽음을 뛰어넘어서 피안의 세계로 날아갔습니다."

그러자 큰스님이 어이없다는 말투로,

"쯧쯧쯧, 네놈도 제 정신이 아니구나."

이에 또 다른 제자 한 사람이 대답하기를,

"병도 새도 삶도 죽음도 순간에 나서 찰나에 사라
집니다."

그러자 큰스님, 더 이상 참을 수 없었는지,

"보기 싫다. 네 놈도 썩 사라지거라!"

생활에 활력이 되는 **코믹 유 머**

초판 발행 2017년7월 31일

글 편집부

펴낸이 서영희 | **펴낸곳** 와이 앤 엠

편집 임융웅

본문인쇄 신화 인쇄 | **제책** 세림 제책

제작 이윤식 | **마케팅** 강성태

주소 120-100 서울시 서대문구 홍은동 376-28

전화 (02)308-3891 | Fax (02)308-3892

E-mail yam3891@naver.com

등록 2007년 8월 29일 제312-2007-00004호

ISBN 978-89-93557-81-7 63710

본사는 출판물 윤리강령을 준수합니다.